Como Ganhar Dinheiro com Tecnologia

Introdução

A tecnologia tem transformado profundamente o mundo em que vivemos, abrindo portas para oportunidades de renda que antes pareciam impossíveis. Com um computador, um smartphone e uma conexão à internet, é possível criar um negócio próprio, vender produtos e serviços, ou mesmo compartilhar conhecimento com um público global.

Este eBook foi elaborado para ajudar você a descobrir como transformar habilidades, paixões e experiências em fontes de renda usando a tecnologia. Se você é um jovem empreendedor, um freelancer em busca de mais clientes, ou um profissional iniciante na área digital, este material oferece um guia prático com estratégias comprovadas, ferramentas úteis e exemplos reais.

Prepare-se para explorar um mundo de possibilidades, aprender técnicas aplicáveis e se inspirar em histórias de sucesso. Vamos começar?

Capítulo 1: Freelancing e Prestando Serviços

Freelancing é uma das formas mais rápidas e acessíveis de começar a ganhar dinheiro com tecnologia. Este modelo permite que você ofereça suas habilidades de forma autônoma, atendendo clientes de todo o mundo por meio de plataformas digitais.

O que é Freelancing?

Freelancing consiste em trabalhar por conta própria, prestando serviços para diferentes clientes sem a necessidade de um vínculo empregatício fixo. Você pode atuar em áreas como:

- **Design gráfico:** Criação de elementos visuais como logotipos, banners, ilustrações e outros materiais para comunicação digital ou impressa.
- **Redação e edição de textos:** Produção de conteúdo escrito, como artigos, blogs, roteiros e revisão de textos para adequação de linguagem e qualidade.
- **Desenvolvimento de softwares:** Programação e criação de aplicações, sistemas e soluções tecnológicas sob medida para empresas ou usuários.
- **Traduções:** Conversão de textos ou documentos entre idiomas, mantendo o contexto e a precisão linguística.
- **Consultoria em marketing digital:** Estratégias para otimizar a presença online de empresas, incluindo SEO, gestão de mídias sociais, análise de dados e campanhas publicitárias.

Como Começar no Freelancing

1. **Identifique Suas Habilidades:** Liste suas competências e avalie quais delas podem ser oferecidas como serviço. Por exemplo, se você domina ferramentas de edição de vídeo, pode oferecer serviços de criação de conteúdo audiovisual.
2. **Crie um Perfil Atrativo:** Em plataformas como Fiverr ou Upwork, monte um perfil detalhado que destaque suas experiências, projetos anteriores e depoimentos de clientes (se houver). Inclua uma foto profissional e descrições claras de seus serviços.
3. **Estabeleça Preços Competitivos:** Comece com preços acessíveis para atrair seus primeiros clientes e

construir um portfólio. Com o tempo, à medida que adquirir experiência, ajuste seus valores.

4. **Entregue Qualidade:** Dedique-se a exceder as expectativas dos seus clientes, oferecendo serviços de alta qualidade e respeitando os prazos.

Plataformas para Iniciar

Aqui estão algumas das melhores plataformas para freelancers e suas principais vantagens:

- **Fiverr:** Ideal para começar com pequenos projetos e construir uma reputação. Oferece uma interface amigável para criar "gigs" (ofertas de serviço) e atrair clientes de diferentes partes do mundo. É excelente para freelancers iniciantes que desejam adquirir experiência e avaliações positivas rapidamente.

- **Upwork:** Excelente para projetos mais complexos e de longo prazo. A plataforma possui um sistema robusto de seleção que conecta freelancers a clientes de alta qualidade, permitindo acesso a oportunidades bem remuneradas. É indicada para quem deseja trabalhar em projetos consistentes e criar relações de longo prazo com empresas.

- **Toptal:** Focado em profissionais altamente qualificados, especialmente nas áreas de tecnologia e design. A plataforma é rigorosa em seu processo de seleção, garantindo acesso a projetos premium e clientes de renome, como grandes corporações e startups promissoras.

- **99Designs:** Voltado para design gráfico e branding. Oferece um modelo de concursos, onde designers podem competir entre si, e também oportunidades para projetos diretos. É uma ótima vitrine para criativos que desejam expandir seu portfólio e trabalhar com clientes globais.

História Inspiradora: Jacob Cass, o Designer Freelancer

Jacob Cass é um renomado designer gráfico que iniciou sua carreira como freelancer enquanto ainda estava na universidade, movido por sua paixão por design e comunicação visual. Ele começou oferecendo serviços de criação de logotipos e identidade visual em plataformas como

Upwork e 99Designs. Apesar de enfrentar desafios iniciais, como construir um portfólio e conquistar clientes, Jacob se destacou pela sua habilidade de entender profundamente as necessidades de seus clientes e traduzir essas necessidades em soluções criativas e impactantes.

Seu primeiro grande sucesso veio ao ganhar um concurso em 99Designs, o que lhe permitiu expandir sua visibilidade e atrair projetos mais desafiadores. Com o tempo, sua reputação cresceu, e ele começou a trabalhar com marcas icônicas como Disney, Red Bull e Nintendo. Esses trabalhos não apenas consolidaram sua posição no mercado, mas também o ajudaram a se tornar um exemplo de como um freelancer pode competir em nível global.

Além de seu trabalho prático, Jacob também investiu em educar outros profissionais por meio de seu blog, "Just Creative", onde compartilha dicas, recursos e insights sobre design, freelancing e empreendedorismo digital. Ele também atua como palestrante em eventos internacionais, inspirando milhares de pessoas com sua história e experiência.

Hoje, Jacob é reconhecido como um dos principais nomes no design gráfico, equilibrando projetos de alta relevância com sua paixão por educar e inspirar outros. Sua jornada é um exemplo claro de como freelancing, combinado com dedicação e criatividade, pode ser o ponto de partida para uma carreira altamente gratificante e bem-sucedida no mundo digital.

Capítulo 2: Criação e Venda de Produtos Digitais

Criar e vender produtos digitais é uma das formas mais eficazes de gerar renda online. Diferentemente dos serviços, os produtos digitais podem ser vendidos repetidamente sem que você precise gastar tempo adicional em cada transação. Isso torna esse modelo altamente escalável e lucrativo para quem deseja explorar o potencial do mercado digital.

Exemplos de Produtos Digitais

1. **eBooks:** Compartilhe seu conhecimento em um formato prático e acessível. eBooks são ideais para temas como autoajuda, negócios, receitas ou tutoriais especializados.

2. **Cursos Online:** Ensine suas habilidades por meio de vídeo-aulas ou módulos interativos. Plataformas como Udemy, Teachable e Hotmart são ideais para hospedagem.

3. **Templates e Recursos:** Ofereça modelos personalizáveis para apresentações, currículos, sites ou designs gráficos.

4. **Apps e Softwares:** Desenvolva ferramentas que resolvam problemas específicos de um público-alvo.

Como Criar Produtos Digitais de Sucesso

1. **Escolha um Tema com Demanda:** Realize pesquisas aprofundadas para entender as dores, interesses e desejos do seu público-alvo. Identifique tendências em alta usando ferramentas como Google Trends, SEMrush ou análises de redes sociais. Escolha um tema que seja relevante e tenha potencial de atrair compradores. Por exemplo, temas como produtividade, finanças pessoais ou saúde estão sempre em alta.

2. **Planeje o Conteúdo:** Estruture seu produto com um objetivo claro em mente. Para isso, crie um esboço detalhado que inclua seções e tópicos principais. Certifique-se de que o conteúdo seja envolvente e resolva um problema específico do cliente. Por exemplo, um eBook sobre "Como economizar dinheiro" pode ser dividido em capítulos que abordam orçamento, redução de despesas e investimentos simples.

3. **Produza com Qualidade:** Invista em ferramentas profissionais para criar um produto que se destaque no mercado. Utilize softwares como Canva para designs, Grammarly para revisar textos e OBS Studio para gravações de vídeo. Certifique-se de que o conteúdo seja visualmente atraente, fácil de entender e livre de erros.

4. **Escolha uma Plataforma de Venda:** Analise as plataformas mais adequadas para o tipo de produto que você está oferecendo. Marketplaces como Hotmart, Amazon Kindle e Gumroad são ideais para iniciantes. Se preferir ter controle total sobre as vendas, crie um site próprio com ferramentas como Shopify ou WordPress integradas a sistemas de pagamento como Stripe e PayPal.

Ferramentas Úteis

- **Canva:** Para criar eBooks e designs gráficos. Vantagens: interface intuitiva, vasta biblioteca de templates e elementos visuais, e integração fácil com outras ferramentas de design.

- **Audacity:** Para gravar e editar áudio. Vantagens: software gratuito e de código aberto, recursos avançados de edição e suporte a múltiplos formatos de áudio.

- **OBS Studio:** Para gravação de vídeo. Vantagens: gratuito, personalizável, ideal para gravação de tutoriais e streaming ao vivo com configurações profissionais.

- **Hotmart:** Para hospedar e vender produtos digitais. Vantagens: ampla rede de afiliados, suporte integrado para pagamentos globais e ferramentas de marketing digital.

História Inspiradora: Nathan Barry, Fundador do ConvertKit

Nathan Barry começou vendendo eBooks sobre design e desenvolvimento de software, compartilhando seu conhecimento em formatos acessíveis para iniciantes na área. Inicialmente, ele focou em criar guias práticos e ferramentas que facilitavam o aprendizado, conquistando uma base fiel de clientes.

Durante essa jornada, Nathan percebeu que muitos criadores de conteúdo enfrentavam dificuldades em gerenciar suas listas de e-mails e se conectar eficientemente com suas audiências. Motivado por essa lacuna no mercado, ele desenvolveu o ConvertKit, uma plataforma voltada especificamente para criadores de conteúdo como blogueiros, escritores e podcasters.

O grande diferencial do ConvertKit foi sua simplicidade combinada com recursos avançados, como automações e segmentação personalizada, que permitiam que criadores aumentassem suas conversões sem dificuldades técnicas. Nathan também adotou uma estratégia de marketing transparente, compartilhando publicamente os desafios e os resultados financeiros da empresa, o que ajudou a construir credibilidade e atraiu ainda mais usuários.

Hoje, o ConvertKit é uma das plataformas de e-mail marketing mais respeitadas, gerando milhões de dólares em receita anual e ajudando milhares de criadores a alcançarem seus objetivos. A história de Nathan é um exemplo poderoso de como a identificação de problemas reais e a dedicação para resolvê-los podem transformar ideias simples em empreendimentos bem-sucedidos.

Capítulo 3: Monetização de Conteúdo

Monetizar conteúdo é uma estratégia poderosa para transformar conhecimento ou entretenimento em uma fonte de renda consistente. Com o crescimento de plataformas como YouTube, blogs e redes sociais, criadores podem alcançar milhões de pessoas e gerar receita por meio de diferentes formatos. Esta abordagem permite que você ganhe dinheiro enquanto compartilha suas ideias, paixões ou habilidades com o mundo.

Formas de Monetizar Conteúdo

1. **YouTube:** Uma plataforma de vídeos onde você pode compartilhar conteúdo educativo, de entretenimento ou tutoriais. Ganhar dinheiro aqui envolve receitas de publicidade (Adsense), doações de super chats, assinaturas de membros e parcerias com marcas. Com bilhões de usuários, é uma ótima forma de alcançar uma audiência ampla.

2. **Blogs:** Espaços na web dedicados a conteúdo escrito, onde você pode abordar temas de seu interesse. Blogs geram receita por meio de programas de afiliados, Google AdSense e publieditoriais pagos por marcas. Além disso, é uma excelente ferramenta para construir autoridade em um nicho.

3. **Redes Sociais:** Plataformas como Instagram, TikTok e Twitter permitem criar conteúdo visual e textual para engajar audiências. A monetização vem de promoções pagas por marcas, comissões de afiliados e venda de produtos ou serviços personalizados.

4. **Podcasts:** Formato de áudio onde criadores compartilham opiniões, histórias ou informações com ouvintes. Monetizar podcasts é possível por meio de patrocínios, doações de ouvintes e assinaturas que oferecem acesso exclusivo a episódios ou conteúdos especiais.

Passo a Passo para Começar

1. **Escolha sua Plataforma:** Determine qual tipo de mídia é mais adequado para o conteúdo que você deseja criar e o público que deseja alcançar. Por exemplo, blogs são perfeitos para conteúdos escritos detalhados e atemporais, como guias ou análises,

enquanto o YouTube e o TikTok são ideais para conteúdos visuais e dinâmicos que gerem engajamento rápido e alcancem grandes audiências.

2. **Produza Conteúdo de Valor:** Invista tempo para entender as necessidades do seu público. Crie materiais que resolvam problemas específicos, inspirem ou eduquem sua audiência. Por exemplo, tutoriais, análises de produtos ou histórias motivadoras tendem a atrair mais interesse. Lembre-se, a consistência na produção é chave para construir confiança e fidelizar seguidores.

3. **Crie Engajamento:** Interaja ativamente com seu público em todas as plataformas. Responda a comentários, faça enquetes e participe de discussões para fortalecer a relação com seus seguidores. Essa proximidade aumenta as chances de conversões em vendas e recomendações orgânicas.

4. **Implemente Estratégias de Monetização:** Explore opções como programas de afiliados, onde você promove produtos e ganha comissões pelas vendas. Considere também oferecer conteúdo exclusivo para assinantes, vender seus próprios produtos ou serviços e utilizar plataformas de publicidade para gerar receita extra. Personalize as estratégias de acordo com o perfil da sua audiência.

História Inspiradora: Pat Flynn, do Smart Passive Income

Pat Flynn começou compartilhando dicas de estudos em um blog simples chamado "Green Exam Academy". Este blog tinha como objetivo ajudar estudantes a se prepararem para o exame de certificação LEED (Leadership in Energy and Environmental Design). Ele criou conteúdos detalhados, como guias de estudo e resumos de materiais, baseados em sua própria experiência ao realizar o exame. Inicialmente, o blog era apenas um hobby, mas ao notar o crescente número de visitantes, Pat percebeu o potencial de monetização.

A primeira iniciativa de monetização foi a inclusão de links de afiliados para livros e materiais de estudo relacionados ao exame. Ele também desenvolveu um guia de estudo em formato PDF, que foi colocado à venda diretamente no blog. Esses produtos rapidamente geraram receita passiva significativa, com centenas de vendas mensais.

Encantado com os resultados, Pat decidiu explorar novas oportunidades e expandir seus horizontes. Foi assim que ele criou o "Smart Passive Income", um site dedicado a compartilhar suas estratégias e experiências com renda passiva. No "Smart Passive Income", Pat aborda temas como marketing de afiliados, criação de produtos digitais e estratégias para monetizar diferentes tipos de conteúdo online.

Hoje, Pat é reconhecido como uma referência global no campo do empreendedorismo digital. Ele não apenas gerou milhões de dólares em receita, mas também inspirou milhares de pessoas a iniciarem suas próprias jornadas no mundo online. Com sua abordagem autêntica e transparente, ele continua a ser um exemplo de como trabalho consistente e inovação podem transformar vidas.

Capítulo 4: Marketing de Afiliados

O marketing de afiliados é uma forma eficaz de ganhar dinheiro online promovendo produtos ou serviços de terceiros. Nesse modelo, você recebe uma comissão por cada venda ou ação realizada através do seu link exclusivo. Ele é ideal para quem possui uma audiência engajada ou deseja monetizar plataformas como blogs, YouTube e redes sociais.

Como Funciona o Marketing de Afiliados

1. **Escolha Produtos Relevantes:** Comece identificando produtos ou serviços que realmente sejam úteis para o seu público-alvo. Inscreva-se em programas de afiliados confiáveis, como Amazon Associates (excelente para produtos físicos e tecnológicos), Hotmart (focado em produtos digitais, como cursos e eBooks) ou ShareASale (abrangendo uma ampla gama de nichos). Avalie os produtos antes de promovê-los e priorize aqueles que você já testou ou conhece bem. Isso aumenta sua credibilidade e facilita a criação de conteúdos autênticos.

2. **Divulgue os Produtos:** Utilize seus canais, como blogs, redes sociais ou YouTube, para criar conteúdos envolventes que destaquem os benefícios dos produtos. Produza reviews detalhados, mostrando como o produto pode resolver problemas específicos. Tutoriais em vídeo ou passo a passo escritos são excelentes para demonstrar funcionalidades. Além disso, comparações entre produtos podem ajudar seu público a tomar decisões de compra mais informadas.

3. **Receba Comissões:** Cada vez que alguém clicar no seu link de afiliado e concluir uma compra ou realizar uma ação específica (como preencher um cadastro), você recebe uma comissão. Certifique-se de monitorar regularmente suas campanhas usando ferramentas analíticas, como Google Analytics ou relatórios oferecidos pelas plataformas de afiliados, para otimizar suas estratégias e aumentar sua renda.

Dicas para Sucesso

- **Transparência:** Seja honesto com sua audiência e informe que você pode receber comissões ao promover produtos por meio de links de afiliados. Isso não apenas constrói confiança, mas também cria uma relação de transparência com seus seguidores, aumentando as chances de engajamento e conversões. Considere adicionar uma nota em suas postagens ou vídeos para destacar essa informação.

- **Conteúdo de Qualidade:** Invista na criação de materiais detalhados e bem estruturados que mostrem como os produtos ou serviços afiliados podem resolver problemas ou agregar valor à vida dos consumidores. Por exemplo, estudos de caso podem ilustrar o impacto positivo de um produto, enquanto histórias de sucesso inspiram confiança no público. Use imagens, vídeos e exemplos práticos para enriquecer o conteúdo.

- **Monitore seus Resultados:** Utilize ferramentas como Google Analytics, Hotmart Analytics ou outras plataformas de acompanhamento para avaliar o desempenho de suas estratégias. Analise quais produtos têm maior engajamento, quais canais geram mais cliques e conversões, e ajuste suas campanhas de acordo. Essa prática permite otimizar seu trabalho e maximizar a rentabilidade.

História Inspiradora: Michelle Schroeder-Gardner, do Making Sense of Cents

Michelle Schroeder-Gardner é um exemplo poderoso de como o marketing de afiliados pode transformar vidas. Antes de se tornar uma referência global, Michelle trabalhava como consultora financeira e estava determinada a quitar suas dívidas estudantis, que chegavam a quase US$ 40.000. Foi então que decidiu criar o blog "Making Sense of Cents", inicialmente como um hobby, para compartilhar dicas financeiras simples e acessíveis.

No início, Michelle escrevia sobre economizar dinheiro, administrar orçamentos e maximizar o uso de recursos financeiros. Seu conteúdo prático e relatable começou a atrair uma audiência engajada. Reconhecendo o potencial do blog, Michelle passou a explorar o marketing de afiliados. Ela começou promovendo ferramentas financeiras que usava pessoalmente, como softwares de planejamento orçamentário e cursos de educação financeira.

Para otimizar suas estratégias, Michelle dedicou tempo ao aprendizado sobre SEO, escrita persuasiva e técnicas de conversão. Um marco importante em sua jornada foi o lançamento do curso "Making Sense of Affiliate Marketing", onde ensinava outros blogueiros a integrarem links de afiliados de forma autêntica e eficiente em seus conteúdos. O sucesso do curso solidificou sua posição como uma autoridade no assunto.

Hoje, Michelle ganha mais de US$ 50.000 por mês apenas com marketing de afiliados. Além disso, ela transformou sua paixão por viagens em um estilo de vida, trabalhando remotamente enquanto explora o mundo ao lado do marido. Sua história é uma prova de que com dedicação, planejamento e autencidade, qualquer pessoa pode construir um negócio digital bem-sucedido.

Capítulo 5: Empreendedorismo Digital

O empreendedorismo digital representa uma revolução na maneira como os negócios são concebidos, utilizando a tecnologia para criar soluções inovadoras e escaláveis. Nesse modelo, é possível oferecer produtos e serviços por meio de plataformas online, permitindo acesso global, baixo custo operacional e flexibilidade para o empreendedor. Exemplos incluem o e-commerce, onde lojistas podem alcançar clientes em qualquer lugar do mundo; as aplicações SaaS, que oferecem serviços sob demanda via internet; e o marketing digital, que conecta marcas a consumidores de forma altamente segmentada. Para aqueles que desejam construir um negócio lucrativo, o empreendedorismo digital oferece infinitas possibilidades para inovar e crescer de maneira sustentável.

Principais Modelos de Empreendedorismo Digital

1. **E-commerce:** Venda de produtos físicos ou digitais por meio de uma loja virtual. E-commerce é uma das formas mais populares de empreender online. Você pode começar criando uma loja virtual em plataformas como Shopify ou WooCommerce, que oferecem ferramentas intuitivas para configuração e gerenciamento. Um diferencial desse modelo é a possibilidade de alcançar um público global, mas exige atenção à logística, atendimento ao cliente e estratégias de marketing digital para maximizar as vendas.

2. **SaaS (Software as a Service):** Desenvolvimento de aplicações que resolvem problemas específicos e são oferecidas por assinatura. Este modelo de negócio foca na criação de soluções digitais para empresas ou consumidores finais, como sistemas de gestão, CRMs ou plataformas de design. SaaS permite receita recorrente e fidelização de clientes, mas exige alto investimento inicial em desenvolvimento e manutenção constante para permanecer competitivo.

3. **Dropshipping:** Um modelo de negócio onde você vende produtos sem precisar de estoque. No dropshipping, os fornecedores cuidam da produção e envio dos produtos, enquanto você se concentra em atrair clientes e gerenciar as vendas. Este modelo tem baixo custo inicial, mas requer cuidado na escolha de

fornecedores confiáveis e na gestão da experiência do cliente.

4. **Infoprodutos:** Criação de produtos digitais como eBooks, cursos e templates. Infoprodutos oferecem alta margem de lucro, pois uma vez criados, podem ser vendidos repetidamente sem custos adicionais significativos. Este modelo exige dedicação inicial para produzir conteúdos de qualidade, mas pode gerar renda passiva por anos.

Passo a Passo para Começar

1. **Escolha um Nicho:** Comece identificando uma área onde você tenha paixão, experiência ou conhecimento especializado. Um nicho bem definido ajuda a criar uma audiência fiel, pois você se tornará referência em um segmento específico. Por exemplo, se você tem experiência em nutrição, pode escolher saúde e bem-estar como nicho. Outras opções incluem tecnologia, educação online ou desenvolvimento sustentável. Avalie também a demanda de mercado para garantir a viabilidade do nicho escolhido.

2. **Valide sua Ideia:** Antes de investir tempo e dinheiro, valide sua ideia para garantir que existe interesse real no mercado. Realize pesquisas de mercado utilizando ferramentas como Google Trends para identificar tendências em alta e verificar o volume de buscas relacionadas ao seu nicho. Analise seus concorrentes para entender como eles operam e quais lacunas você pode preencher. Colete feedback diretamente de potenciais clientes por meio de enquetes, entrevistas ou grupos de discussão.

3. **Desenvolva sua Presença Online:** Crie um site profissional que reflita sua marca e ofereça informações claras sobre seus produtos ou serviços. Utilize plataformas como Wix, Squarespace ou WordPress para criar um site visualmente atraente e funcional. Além disso, invista em redes sociais relevantes para o seu público-alvo, como Instagram ou LinkedIn, para aumentar a visibilidade e atrair tráfego qualificado para o seu site. Use técnicas de SEO para melhorar sua posição nos resultados de busca.

4. **Automatize Processos:** Identifique tarefas repetitivas que podem ser automatizadas para economizar tempo e aumentar a eficiência. Ferramentas como Zapier e Make (antigo Integromat) permitem integrar plataformas e simplificar processos como envio de e-mails automatizados, gerenciamento de estoque e agendamento de publicações em redes sociais. A automação também ajuda a reduzir custos operacionais, permitindo que você foque no crescimento estratégico do seu negócio.

História Inspiradora: Tobias Lütke, Criador da Shopify

Tobias Lütke, um desenvolvedor canadense-alemão, encontrou o caminho para o sucesso ao transformar um obstáculo em uma oportunidade de negócio. Em 2004, Tobias tentou abrir uma loja online para vender equipamentos de snowboard, mas enfrentou grandes desafios com as plataformas de e-commerce disponíveis na época. Ele percebeu que as soluções existentes eram limitadas, pouco intuitivas e inadequadas para empreendedores independentes. Determinado a superar essas limitações, Tobias decidiu criar sua própria plataforma de e-commerce.

Inicialmente, ele desenvolveu uma solução personalizada para sua loja de snowboard, mas logo reconheceu que outras pequenas empresas poderiam se beneficiar da tecnologia que havia criado. Em 2006, nasceu a Shopify, uma plataforma projetada para ser acessível, fácil de usar e altamente funcional para comerciantes de todos os tamanhos. A Shopify revolucionou o mercado ao oferecer um sistema que permitia que empreendedores criassem e gerenciassem lojas virtuais sem a necessidade de conhecimento técnico avançado.

Sob a liderança visionária de Tobias, a Shopify cresceu exponencialmente, tornando-se uma das maiores plataformas de e-commerce do mundo. Hoje, a empresa apoia milhões de empreendedores, desde pequenas startups até grandes marcas globais, ajudando-os a vender produtos e serviços para consumidores em todo o mundo. Tobias demonstrou que identificar uma lacuna no mercado e oferecer uma solução inovadora não apenas resolve problemas, mas também pode transformar uma ideia simples em um negócio bilionário.

Capítulo 6: Uso de IA e Automação

Com o avanço da inteligência artificial (IA) e das ferramentas de automação, empresas e indivíduos têm a oportunidade de transformar processos antes demorados ou complexos em tarefas simplificadas e altamente eficientes. Essas tecnologias não apenas aumentam a produtividade, como também criam novas possibilidades de monetização através da inovação. Ao reduzir custos operacionais e otimizar o uso de recursos, a IA e a automação permitem que organizações de todos os tamanhos alcancem maior escalabilidade, melhorem a experiência do cliente e se destaquem em mercados cada vez mais competitivos.

Aplicações de IA e Automação

1. **Chatbots e Atendimento ao Cliente:**

Chatbots, como os oferecidos por ferramentas como ChatGPT e Drift, estão revolucionando o atendimento ao cliente. Eles são capazes de responder perguntas frequentes, solucionar problemas simples e encaminhar questões mais complexas para um atendente humano, se necessário. Isso reduz drasticamente os custos operacionais ao eliminar a necessidade de equipes extensas para suporte inicial. Além disso, a personalização permitida por IA melhora significativamente a experiência do cliente, garantindo respostas rápidas e adequadas ao contexto de cada interação. Empresas de todos os tamanhos estão implementando chatbots para manter um atendimento eficiente, mesmo em horários fora do expediente, o que amplia a capacidade de atendimento sem comprometer a qualidade.

Outra grande vantagem dos chatbots é a coleta e análise de dados em tempo real. Essas ferramentas podem monitorar padrões de comportamento dos clientes e oferecer insights valiosos para melhorar produtos, serviços e estratégias de marketing. Isso transforma o chatbot em uma ferramenta não apenas de suporte, mas também de tomada de decisão estratégica.

2. **Análise de Dados:**

Com o volume de dados gerados diariamente, ferramentas como Tableau e Google Analytics, potencializadas por IA, tornaram-se indispensáveis para empresas que desejam se destacar no mercado. Esses softwares ajudam a processar grandes volumes de informações, identificando tendências e padrões que seriam impossíveis de detectar manualmente. Por exemplo, uma análise detalhada de comportamento do consumidor pode revelar quais produtos têm maior demanda em diferentes períodos, permitindo ajustes de estoque e campanhas direcionadas.

Além disso, a análise preditiva, possibilitada pela IA, permite que empresas antecipem comportamentos futuros do mercado ou de seus clientes. Isso é particularmente útil para ajustar estratégias e alocar recursos de maneira mais eficiente. Com a análise de dados precisa, empresas podem minimizar riscos e maximizar oportunidades, garantindo decisões baseadas em informações concretas e atualizadas.

3. **Criação de Conteúdo:**

A geração de conteúdo é uma tarefa essencial para empresas que desejam atrair e engajar seus públicos. Ferramentas como Jasper AI permitem que marcas mantenham um fluxo constante de conteúdos de alta qualidade, economizando tempo e recursos. Essas ferramentas podem criar textos, descrições de produtos, postagens em redes sociais e até mesmo roteiros de vídeo, com base em inputs fornecidos pelo usuário. Isso é particularmente útil para pequenas equipes de marketing ou empreendedores individuais que precisam produzir conteúdo regularmente.

Outro benefício significativo é a capacidade de personalização. A IA pode ajustar o tom, estilo e palavras-chave para atender às necessidades específicas de diferentes públicos, aumentando a relevância e o impacto do conteúdo. Ao combinar criatividade humana com a eficiência das ferramentas de IA, empresas podem atingir melhores resultados em menos tempo.

4. **Automação de Marketing:**

Plataformas como HubSpot e ActiveCampaign estão transformando a maneira como as empresas gerenciam campanhas de marketing. Com a automação, é possível segmentar leads com base em comportamento, enviar e-mails personalizados em massa e medir resultados em tempo real. Isso não só economiza tempo, mas também aumenta a eficiência das campanhas, garantindo que cada mensagem atinja o público certo no momento certo.

Além disso, a automação permite a criação de funis de vendas altamente eficazes. Desde a captura de leads até a conversão final, todas as etapas podem ser gerenciadas de forma automática, mas com personalização suficiente para manter o engajamento. Essa abordagem integrada melhora a experiência do cliente e otimiza o retorno sobre investimento (ROI), tornando-se uma ferramenta indispensável para empresas de todos os tamanhos.

Como Integrar IA e Automação ao Seu Negócio

1. **Identifique Processos Repetitivos:** Liste as atividades que consomem tempo e poderiam ser automatizadas, como envio de e-mails, agendamento de postagens ou atendimento inicial ao cliente. Priorize tarefas de maior impacto no negócio.

2. **Escolha as Ferramentas Certas:** Pesquise plataformas que atendam às necessidades do seu negócio. Certifique-se de que sejam fáceis de usar, compatíveis com suas operações e escaláveis conforme o crescimento do negócio.

3. **Implemente Gradualmente:** Comece com automações simples e expanda conforme ganha confiança na tecnologia. Teste as ferramentas em pequenos processos antes de aplicá-las amplamente.

4. **Acompanhe os Resultados:** Use métricas para avaliar o impacto das automações. Isso ajuda a identificar o que está funcionando e onde ajustes podem ser feitos. Ferramentas analíticas integradas, como dashboards em tempo real, facilitam essa tarefa.

História Inspiradora: Elon Musk e OpenAI

Elon Musk, um visionário tecnológico e um dos fundadores da OpenAI, percebeu cedo o potencial transformador da inteligência artificial para diversas indústrias. Motivado pela ideia de criar tecnologias que pudessem beneficiar a humanidade, ele cofundou a OpenAI com o objetivo de garantir que o avanço da IA fosse seguro, acessível e usado de maneira ética. A OpenAI desenvolveu inovações revolucionárias, como o ChatGPT, que está remodelando a maneira como empresas geram conteúdo, se comunicam com seus clientes e otimizam processos internos.

O ChatGPT, uma das criações mais notáveis da OpenAI, tem se destacado pela capacidade de compreender e gerar texto de forma humanizada, ajudando empresas a automatizar tarefas, como atendimento ao cliente e criação de conteúdo. Musk também é um defensor ferrenho do uso responsável da IA, frequentemente alertando sobre os riscos de seu uso indiscriminado. Ele acredita que o equilíbrio entre inovação e ética é essencial para garantir que os benefícios da IA sejam amplamente distribuídos. Sua visão inspiradora reforça a necessidade de integrar IA aos negócios para aumentar a eficiência, reduzir custos e manter-se competitivo em um mercado global em constante evolução.

Com IA e automação, você pode aumentar a eficiência do seu negócio, reduzir custos e explorar novas oportunidades de mercado. Estas tecnologias não são apenas uma tendência, mas uma vantagem competitiva indispensável.

Capítulo 7: Economia Criativa e Produção de Conteúdo

A economia criativa abrange setores como artes, design, música, filmes, jogos e produção de conteúdo digital, representando uma das áreas mais dinâmicas e promissoras da atualidade. Este segmento está em constante crescimento, impulsionado pela demanda crescente por conteúdos originais em plataformas digitais como YouTube, Spotify e TikTok. Mais do que nunca, a criatividade se tornou um ativo valioso, capaz de conectar pessoas em escala global.

Produzir e compartilhar sua criatividade não é apenas uma forma de expressão, mas também uma oportunidade significativa de geração de renda. Combinando talento, dedicação e estratégias de monetização, criadores podem transformar suas ideias em negócios lucrativos. Desde um ilustrador vendendo suas obras em marketplaces até um músico construindo uma base de fãs por meio de streaming, a economia criativa oferece possibilidades ilimitadas para inovar e prosperar.

Além disso, a acessibilidade a ferramentas tecnológicas reduziu barreiras de entrada, permitindo que pessoas de diversas origens e níveis de experiência participem desse mercado. Com dedicação e uso inteligente das plataformas disponíveis, qualquer indivíduo pode transformar sua paixão criativa em uma fonte de sustento e realização pessoal.

O que é Economia Criativa?

A economia criativa é um setor que transforma ideias e criatividade em valor econômico. Isso inclui atividades como design gráfico, criação de vídeos, produção musical, escrita de roteiros, desenvolvimento de jogos e muito mais. Graças à democratização da tecnologia, qualquer pessoa com talento e acesso a ferramentas básicas pode participar desse mercado. Por exemplo, criadores podem usar plataformas como YouTube para distribuir vídeos, SoundCloud para compartilhar músicas e Etsy para vender produtos artesanais.

Além disso, o impacto das redes sociais e do streaming abriu portas para que criadores independentes alcancem audiências globais sem a necessidade de intermediários. Essa mudança disruptiva permite que indivíduos monetizem diretamente sua criatividade, diversifiquem fontes de renda e estabeleçam marcas pessoais.

Como Produzir Conteúdo Criativo de Sucesso

1. **Identifique sua Paixão e Talento:** Antes de começar, descubra o que você realmente gosta de fazer e onde suas habilidades se destacam. Refletir sobre seus interesses e pontos fortes é essencial para criar um trabalho que você ame e que ressoe com seu público. Por exemplo, se você gosta de contar histórias, a escrita de roteiros ou produção de vídeos pode ser um excelente caminho.

Escolher algo que você ame facilita o processo de criação, pois transforma o trabalho em algo prazeroso e recompensador. Além disso, a paixão pelo que faz aumenta a qualidade do resultado final, já que você estará mais inclinado a dedicar tempo e esforço para aprimorar sua arte e explorar novas possibilidades.

2. **Escolha uma Plataforma Adequada:** Decida onde você vai compartilhar seu trabalho. Plataformas como YouTube são ideais para vídeos, enquanto Instagram funciona bem para conteúdos visuais como fotografia e ilustração. Para criadores que desejam receber apoio financeiro direto, Patreon é uma ótima opção, permitindo que os fãs contribuam com assinaturas mensais em troca de conteúdos exclusivos.

Marketplaces como Fiverr e Upwork também são excelentes para criadores que desejam oferecer serviços criativos sob demanda. Escolher a plataforma certa depende do tipo de conteúdo que você produz e de como você deseja interagir com sua audiência. Lembre-se de adaptar sua abordagem para cada plataforma, explorando seus recursos exclusivos para maximizar o alcance e o engajamento.

3. **Invista em Ferramentas e Aprendizado:** Ferramentas profissionais são indispensáveis para elevar a qualidade do seu trabalho. Softwares como Adobe Creative Suite para design e edição, ou Pro Tools para produção musical, oferecem recursos avançados que podem transformar suas ideias em criações de alto nível. Além disso, investir em equipamentos de qualidade, como câmeras e microfones, aumenta significativamente o impacto visual e sonoro do seu conteúdo.

A busca constante por aprendizado também é essencial. Inscreva-se em cursos online, participe de workshops ou consuma tutoriais no YouTube para aprimorar suas habilidades. O mundo da economia criativa está em constante evolução, e acompanhar as tendências do setor pode ajudar você a se destacar em um mercado competitivo.

4. **Engaje sua Audiência:** Construa uma conexão com seu público respondendo a comentários, compartilhando bastidores e criando conteúdos interativos. Engajamento não é apenas sobre likes e compartilhamentos, mas sobre criar uma comunidade que valorize e apoie seu trabalho. Por exemplo, realizar enquetes para saber o que seu público deseja ver ou transmitir ao vivo para responder perguntas em tempo real pode fortalecer essa relação.

Um público engajado é mais propenso a apoiar financeiramente seu trabalho, seja comprando produtos, se inscrevendo em plataformas de apoio como Patreon ou promovendo seu conteúdo organicamente. A interação constante ajuda a criar um sentimento de pertencimento, transformando seguidores casuais em fãs dedicados.

Estratégias de Monetização na Economia Criativa

- **Anúncios e Parcerias:** Trabalhe com marcas para criar conteúdos patrocinados ou permita anúncios em suas plataformas, como YouTube ou Spotify. As parcerias com marcas relevantes podem trazer não apenas receita, mas também aumentar a credibilidade do seu trabalho. Para alcançar esse tipo de colaboração, é fundamental construir um portfólio sólido e manter um engajamento consistente com seu público. Ao alinhar-se com marcas que compartilhem seus valores, você garante que a parceria seja autêntica e bem recebida por sua audiência.

Além disso, ao permitir anúncios em suas plataformas, você cria uma fonte de renda passiva que cresce conforme seu alcance aumenta. É importante, no entanto, equilibrar a presença de anúncios para não comprometer a experiência do usuário. Teste diferentes formatos e acompanhe os resultados para otimizar o impacto.

- **Venda de Produtos:** Crie e venda produtos físicos ou digitais, como prints, camisetas ou tutoriais. A venda de produtos é uma das estratégias mais versáteis, permitindo que você expresse sua criatividade de forma tangível. Desenvolver uma linha de produtos exclusiva, com designs únicos ou edições limitadas, pode atrair diferentes segmentos de mercado e aumentar o apelo do seu trabalho.

Além disso, plataformas como Etsy e Redbubble facilitam a produção e distribuição, permitindo que você foque na criação enquanto essas ferramentas cuidam do restante. Considere também explorar pacotes promocionais ou parcerias com outros criadores para expandir seu alcance.

- **Assinaturas e Doações:** Use plataformas como Patreon para oferecer conteúdos exclusivos a assinantes pagos. Esse modelo de receita é ideal para criadores que desejam um fluxo de renda estável e previsível. Oferecer benefícios exclusivos, como acesso antecipado a conteúdos, sessões de perguntas e respostas ou materiais bônus, incentiva os fãs a apoiarem seu trabalho continuamente.

Outro aspecto valioso desse modelo é a proximidade com sua audiência. Os assinantes muitas vezes se tornam seus maiores defensores, ajudando a divulgar seu trabalho e contribuindo para seu crescimento a longo prazo.

- **Cursos e Workshops:** Ensine suas habilidades para outros interessados, criando aulas online ou presenciais. Compartilhar seu conhecimento não apenas gera receita, mas também posiciona você como um especialista em sua área. Cursos online podem ser distribuídos por plataformas como Udemy ou Teachable, enquanto workshops presenciais oferecem a oportunidade de interagir diretamente com seu público.

Além disso, a criação de conteúdo educativo permite que você atinja uma nova audiência, ampliando sua influência e diversificando suas fontes de renda. Investir na qualidade do material e no suporte ao aluno pode garantir o sucesso desse tipo de iniciativa.

História Inspiradora: Marques Brownlee (MKBHD), Criador de Conteúdo Digital

Marques Brownlee, mais conhecido como MKBHD, iniciou sua trajetória no mundo do conteúdo digital enquanto ainda era estudante do ensino médio. Motivado por sua paixão por tecnologia, ele começou a gravar vídeos com análises de produtos utilizando equipamentos básicos, como uma câmera simples e recursos limitados de edição. Sua abordagem autêntica e a maneira clara e envolvente de explicar conceitos complexos rapidamente chamaram a atenção de uma audiência em busca de informações confiáveis e acessíveis sobre tecnologia.

Ao longo do tempo, Marques não apenas aprimorou suas habilidades técnicas de edição e produção, mas também investiu em equipamentos de alta qualidade para elevar o padrão de seus vídeos. Ele se destacou por sua consistência em publicar conteúdo de alto nível e por estabelecer um compromisso com a precisão nas análises. Essa dedicação atraiu a atenção de grandes marcas de tecnologia, que passaram a colaborar com ele, enviando produtos para serem avaliados e eventualmente formando parcerias de longo prazo. Essas colaborações ajudaram a solidificar sua posição como uma das vozes mais respeitadas no setor de tecnologia.

Hoje, MKBHD é reconhecido globalmente como um dos maiores criadores de conteúdo de tecnologia no YouTube, com milhões de inscritos e bilhões de visualizações. Ele produz vídeos com uma qualidade cinematográfica, combinando uma narrativa envolvente com insights técnicos profundos. Mais do que um criador, Marques se tornou uma referência para aqueles que aspiram a transformar uma paixão em uma carreira sustentável e impactante. Sua história é um exemplo inspirador de como dedicação, aprendizado contínuo e autenticidade podem abrir portas e criar oportunidades ilimitadas na economia criativa.

Capítulo 8: Ensino Online e Cursos Educacionais

Ensinar online tornou-se uma das formas mais acessíveis e lucrativas de compartilhar conhecimento, especialmente com a expansão de plataformas digitais e a demanda crescente por aprendizado remoto. Este modelo permite que especialistas, profissionais e entusiastas transformem suas habilidades em produtos educacionais escaláveis, como cursos online, workshops e mentorias, alcançando uma audiência global sem a necessidade de grandes investimentos iniciais.

Por que Investir em Ensino Online?

O ensino online é um setor em constante crescimento, impulsionado pela conveniência e flexibilidade que oferece aos alunos. Com a possibilidade de aprender no próprio ritmo e acessar conteúdos de qualquer lugar, os cursos online têm se tornado a escolha preferida de milhões de pessoas em busca de qualificação profissional ou desenvolvimento pessoal. Para os criadores, essa é uma oportunidade única de monetizar seu conhecimento enquanto impactam positivamente a vida de outras pessoas.

Além disso, o ensino online é altamente escalável. Uma vez que o curso esteja criado, ele pode ser vendido repetidamente sem custos adicionais significativos. Isso significa que você pode gerar renda passiva enquanto se concentra em desenvolver novos conteúdos ou explorar outras oportunidades.

Como Criar um Curso Online de Sucesso

1. **Identifique Seu Nicho:** Escolha um tema em que você tenha expertise e que desperte interesse em um público específico. Nichos bem definidos, como "fotografia para iniciantes" ou "gestão de finanças pessoais", tendem a atrair uma audiência mais engajada.

2. **Planeje o Conteúdo:** Estruture o curso em módulos e aulas, começando com conceitos básicos e avançando para tópicos mais complexos. Certifique-se de que o material seja claro, prático e envolvente. Inclua exemplos, estudos de caso e exercícios para reforçar o aprendizado.

3. **Produza com Qualidade:** Invista em equipamentos básicos, como uma boa câmera e microfone, para

garantir que seu conteúdo tenha qualidade profissional. Use ferramentas como Canva para criar materiais visuais atraentes e editores de vídeo como Adobe Premiere ou Final Cut para produzir vídeos polidos.

4. **Escolha a Plataforma Certa:** Existem várias plataformas para hospedar cursos online, como Udemy, Teachable e Hotmart. Cada uma delas oferece características específicas que podem atender a diferentes necessidades de criadores de conteúdo educacional:

- **Udemy:**
    - **Funcionamento:** A Udemy é uma plataforma aberta onde qualquer pessoa pode criar e vender cursos. Os criadores têm acesso a uma base de usuários global e ferramentas de análise para monitorar o desempenho do curso.
    - **Vantagens:** A principal vantagem da Udemy é a sua audiência consolidada, o que facilita a visibilidade inicial do curso. Além disso, a plataforma cuida de toda a infraestrutura técnica, incluindo processamento de pagamentos e suporte ao aluno. Isso permite que os criadores se concentrem exclusivamente no conteúdo.
    - **Considerações:** Apesar de suas vantagens, a Udemy cobra uma comissão significativa sobre as vendas e impõe limites de preços, o que pode reduzir os lucros dos criadores.
- **Teachable:**
    - **Funcionamento:** A Teachable permite que criadores personalizem totalmente a experiência do curso, desde o design da página até a estrutura de pagamento. A plataforma oferece integrações com ferramentas de marketing e suporte técnico.
    - **Vantagens:** Com a Teachable, você tem controle total sobre preços e promoções. A possibilidade de personalizar a identidade visual do curso fortalece o branding pessoal ou da empresa. A plataforma também oferece

relatórios detalhados para acompanhamento do desempenho.

- o **Considerações:** A cobrança de uma taxa mensal fixa pode ser um desafio para iniciantes que ainda não têm uma audiência estabelecida.

- **Hotmart:**
    - o **Funcionamento:** Voltada para criadores que desejam atuar em mercados de língua portuguesa, a Hotmart é uma plataforma completa que inclui ferramentas de monetização avançadas, como assinaturas e afiliados.
    - o **Vantagens:** A Hotmart permite que criadores acessem uma rede de afiliados que ajudam a promover os cursos, ampliando o alcance e as vendas. Ela também oferece suporte para diversos formatos de conteúdo e integrações com sistemas de pagamento locais.
    - o **Considerações:** Embora seja muito flexível, a Hotmart retém uma porcentagem das vendas, o que pode impactar os lucros.

Para maior controle, você também pode criar um site próprio para vender seus cursos. Isso exige um pouco mais de investimento inicial e conhecimento técnico, mas permite que você mantenha 100% dos lucros e tenha total liberdade para gerenciar a experiência do aluno.

5. **Promova Seu Curso:** Utilize estratégias de marketing digital, como anúncios pagos, marketing de conteúdo e parcerias com influenciadores, para divulgar seu curso. Além disso, engaje sua audiência em redes sociais e construa uma lista de e-mails para nutrir potenciais alunos.

Estratégias de Monetização no Ensino Online

- **Cursos Pagos:** Venda o acesso completo ao curso por um valor único. Essa é a estratégia mais comum e oferece retorno imediato, pois permite que o aluno pague apenas uma vez para acessar todo o conteúdo. É ideal para criadores que desejam monetizar rapidamente, especialmente em temas populares com grande procura. Além disso, permite que os alunos tenham controle sobre o ritmo de aprendizado, atraindo um público diversificado.

- **Assinaturas:** Ofereça acesso a uma biblioteca de cursos por uma taxa mensal ou anual. Esse modelo é ideal para criadores que possuem diversos conteúdos ou que frequentemente atualizam o material. Ele proporciona uma receita recorrente e previsível, além de incentivar os alunos a permanecerem inscritos para acessar novos conteúdos regularmente. A flexibilidade oferecida por esse modelo é um grande atrativo para alunos que desejam explorar diferentes temas dentro de uma única assinatura.

- **Mentorias e Aulas ao Vivo:** Combine cursos gravados com sessões ao vivo para oferecer uma experiência mais personalizada e agregar valor. Essa estratégia é especialmente eficaz para nichos que exigem interação direta, como coaching, consultoria ou treinamento técnico. Além disso, as sessões ao vivo permitem que os alunos tirem dúvidas em tempo real, tornando a experiência mais rica e colaborativa.

- **Certificações:** Inclua certificados de conclusão para aumentar o apelo do curso, especialmente em áreas profissionais. Certificados ajudam a validar o aprendizado do aluno, tornando o curso mais atrativo para aqueles que buscam melhorar o currículo ou avançar na carreira. Você pode oferecer diferentes níveis de certificação, como básicos, intermediários e avançados, para atender a uma gama maior de alunos.

História Inspiradora: Emily Weiss, Criadora de Conteúdo Educacional

Emily Weiss, uma instrutora de design gráfico, iniciou sua carreira ensinando técnicas básicas de design em sua comunidade local, oferecendo aulas presenciais para pequenos grupos de estudantes interessados em desenvolver suas habilidades criativas. Embora o formato presencial fosse limitado em alcance, Emily percebeu rapidamente que havia uma demanda crescente por aprendizado de design em um formato mais flexível e acessível. Essa observação a levou a explorar o ensino online como uma forma de ampliar seu impacto.

Determinada a transformar seu conhecimento em uma experiência educacional escalável, Emily desenvolveu seu primeiro curso digital, "Design Gráfico para Iniciantes", utilizando ferramentas simples e uma câmera básica. Ela escolheu a Udemy como plataforma para hospedar seu curso, atraída pela base de usuários global e pela facilidade de uso da plataforma. Com dedicação à criação de conteúdo prático e envolvente, o curso rapidamente ganhou popularidade, posicionando Emily como uma instrutora respeitada na comunidade de design gráfico.

O sucesso inicial foi apenas o começo. Emily continuou a expandir seu portfólio, criando cursos mais avançados que abordavam tópicos específicos, como tipografia, edição de imagens e design de marcas. Paralelamente, começou a oferecer mentorias individuais para atender alunos que buscavam aprofundar conhecimentos ou iniciar uma carreira profissional. Sua abordagem personalizada e sua paixão pelo ensino fizeram com que ela se destacasse ainda mais no mercado.

Hoje, Emily Weiss é uma referência na educação online, impactando milhares de alunos ao redor do mundo. Sua trajetória exemplifica como é possível transformar um conjunto de habilidades em um negócio altamente lucrativo e significativo. Com dedicação, inovação e uma visão estratégica, ela construiu uma carreira que combina paixão e propósito, inspirando outros a seguir o mesmo caminho no ensino online.

Capítulo 9: Investimentos e Renda Passiva com Tecnologia

Investir em tecnologia para gerar renda passiva é uma das estratégias mais eficazes para criar riqueza a longo prazo. Com o avanço de plataformas digitais e ferramentas automatizadas, é possível alocar recursos em áreas como ações de empresas de tecnologia, criptomoedas, plataformas de crowdfunding e até mesmo aplicativos que pagam por compartilhamento de dados. Este capítulo explora como você pode aproveitar essas oportunidades para diversificar sua renda e construir um futuro financeiro mais sólido.

Por que Investir em Tecnologia?

O setor de tecnologia é conhecido por sua inovação constante e potencial de crescimento acelerado. Empresas como Apple, Microsoft e Tesla redefiniram seus respectivos mercados, gerando retornos significativos para investidores de longo prazo. Além disso, novas tecnologias, como blockchain e inteligência artificial, continuam a criar mercados emergentes com oportunidades únicas.

Investir em tecnologia não se limita a ações. Hoje, você pode diversificar seu portfólio com criptomoedas, ETFs temáticos e até participações em startups promissoras. Com o acesso facilitado a plataformas de investimento online, qualquer pessoa pode começar com pequenos valores e expandir sua estratégia conforme adquire mais conhecimento.

Formas de Gerar Renda Passiva com Tecnologia

1. **Ações e ETFs de Tecnologia:**
   - **Funcionamento:** Comprar ações de empresas de tecnologia ou ETFs (fundos negociados em bolsa) que agrupam várias dessas empresas em um único ativo. Isso permite diversificação e reduz os riscos associados a investimentos individuais.
   - **Vantagens:** Retornos consistentes a longo prazo, especialmente em empresas com histórico sólido de crescimento. ETFs como QQQ e ARK Innovation são exemplos de opções que permitem exposição ampla ao setor de tecnologia.

- **Considerações:** O mercado de ações pode ser volátil, e é importante investir apenas o que você está disposto a manter por períodos prolongados.

2. **Criptomoedas:**
    - **Funcionamento:** Comprar e manter ativos digitais como Bitcoin, Ethereum ou outras moedas com potencial de valorização. Alternativamente, você pode utilizar plataformas de staking para ganhar juros sobre suas criptomoedas.
    - **Vantagens:** Alto potencial de retorno, especialmente em mercados emergentes. Ferramentas como staking e yield farming permitem que você ganhe renda passiva enquanto mantém os ativos.
    - **Considerações:** A volatilidade é extremamente alta, e é fundamental estudar o mercado antes de investir.

3. **Plataformas de Crowdfunding:**
    - **Funcionamento:** Investir em projetos ou startups por meio de plataformas como Kickstarter, Indiegogo ou SeedInvest. Em alguns casos, você pode receber uma participação nos lucros ou ações da empresa.
    - **Vantagens:** Acessibilidade a projetos inovadores e possibilidade de retorno significativo caso o projeto seja bem-sucedido. Essas plataformas permitem investir em nichos como energia renovável, tecnologia educacional e muito mais.
    - **Considerações:** O risco é elevado, pois nem todos os projetos atingem o sucesso esperado. Diversificar seus investimentos é essencial.

4. **Aplicativos de Renda Passiva:**
    - **Funcionamento:** Utilizar aplicativos como Honeygain ou Nielsen, que pagam por compartilhar dados ou permitir que sua conexão de internet seja utilizada.

- **Vantagens:** Baixo esforço necessário. Você pode gerar uma pequena renda passiva apenas instalando e configurando os aplicativos.
- **Considerações:** Os ganhos são modestos e podem não ser adequados para quem busca retornos significativos.

5. **Venda de Produtos Digitais Automatizados:**
   - **Funcionamento:** Criar e vender produtos digitais como eBooks, templates ou cursos em plataformas que permitem vendas automatizadas.
   - **Vantagens:** Uma vez que o produto está disponível, ele pode gerar vendas contínuas sem necessidade de manutenção constante.
   - **Considerações:** A criação inicial exige esforço e tempo, mas o retorno pode ser altamente recompensador a longo prazo.

Estratégias para Sucesso

- **Diversifique:** Não coloque todos os seus recursos em uma única estratégia. Misture ações, criptomoedas e outros ativos para reduzir riscos.
- **Eduque-se:** Invista tempo para entender como cada mercado funciona antes de alocar recursos significativos.
- **Automatize:** Use plataformas como robo-advisors para gerenciar investimentos automaticamente, reduzindo o tempo necessário para monitorar o portfólio.
- **Acompanhe Tendências:** Esteja atento às inovações tecnológicas e mercados emergentes para identificar oportunidades antes que se tornem populares.

História Inspiradora: Brian Armstrong, Fundador da Coinbase

Brian Armstrong, fundador da Coinbase, começou sua jornada acreditando no potencial das criptomoedas para revolucionar o sistema financeiro global. Inicialmente, ele desenvolveu a Coinbase como uma plataforma simples para comprar e vender Bitcoin, mas rapidamente expandiu para oferecer uma variedade de serviços financeiros relacionados a criptoativos.

A visão de Brian era democratizar o acesso às criptomoedas, permitindo que qualquer pessoa, independentemente de sua experiência técnica, pudesse investir nesse mercado em crescimento. Sob sua liderança, a Coinbase se tornou uma das maiores exchanges de criptomoedas do mundo, facilitando bilhões de dólares em transações diárias e ajudando milhões de pessoas a começar suas jornadas no mercado de ativos digitais.

Sua história destaca como identificar uma tendência emergente e agir rapidamente pode resultar não apenas em sucesso financeiro, mas também em um impacto global significativo. Brian Armstrong é um exemplo de como inovação e visão podem transformar mercados e criar oportunidades para todos.

Investimentos em tecnologia oferecem uma infinidade de caminhos para gerar renda passiva e construir um futuro financeiro sólido. Com planejamento estratégico e dedicação ao aprendizado, qualquer pessoa pode aproveitar essas oportunidades para alcançar estabilidade e crescimento econômico.

Conclusão Geral

Ao longo deste eBook, exploramos diversas estratégias para ganhar dinheiro com tecnologia, desde freelancing e marketing de afiliados até ensino online e investimentos em renda passiva. Cada capítulo trouxe insights práticos e histórias inspiradoras para demonstrar como a inovação e a determinação podem transformar vidas e criar oportunidades sustentáveis.

A tecnologia não é apenas uma ferramenta; é um universo de possibilidades esperando para ser explorado. Seja criando conteúdos digitais, investindo em ativos tecnológicos ou compartilhando conhecimento com o mundo, as opções são praticamente ilimitadas. Agora que você tem em mãos um guia detalhado, o próximo passo é aplicar o que aprendeu. Lembre-se, o sucesso vem da ação consistente e da capacidade de se adaptar e aprender ao longo do caminho.

A jornada para ganhar dinheiro com tecnologia pode parecer desafiadora no início, mas cada pequeno passo o aproxima de seus objetivos. Mantenha o foco, cultive sua paixão e não hesite em experimentar novas ideias. O mundo da tecnologia está em constante evolução, e você tem a oportunidade de ser um agente ativo dessa transformação.

Recursos e Ferramentas Adicionais

Para ajudá-lo a começar sua jornada, aqui está uma lista de ferramentas e plataformas úteis mencionadas neste eBook:

Freelancing

- **Fiverr:** Plataforma para oferecer serviços criativos e técnicos.
- **Upwork:** Conecte-se com clientes de todo o mundo para projetos de curto e longo prazo.
- **Toptal:** Ideal para profissionais altamente qualificados em desenvolvimento e design.

Criação de Produtos Digitais

- **Canva:** Ferramenta acessível para design gráfico.
- **Gumroad:** Plataforma para vender produtos digitais diretamente.

- **Adobe Creative Suite:** Padrão da indústria para criação de conteúdo visual e multimídia.

Ensino Online

- **Udemy:** Hospede cursos e alcance uma audiência global.
- **Teachable:** Crie uma experiência de aprendizado personalizada.
- **Hotmart:** Ideal para o mercado de língua portuguesa, com suporte para afiliados.

Investimentos e Renda Passiva

- **Coinbase:** Plataforma para comprar e negociar criptomoedas.
- **E*TRADE:** Ferramenta para investir em ações e ETFs.
- **Honeygain:** Aplicativo para gerar renda passiva compartilhando sua conexão de internet.

Perguntas Frequentes (FAQ)

1. Quanto tempo leva para começar a ganhar dinheiro com essas estratégias? Depende da estratégia escolhida. Freelancing pode gerar resultados em semanas, enquanto investimentos ou criação de produtos digitais podem levar meses para mostrar retorno significativo.

2. Preciso de muito dinheiro para começar? Não. Muitas estratégias apresentadas aqui podem ser iniciadas com pouco ou nenhum investimento inicial, como freelancing ou uso de plataformas gratuitas para ensinar online.

3. Como escolher a melhor estratégia para mim? Avalie suas habilidades, interesses e objetivos financeiros. Experimente diferentes opções para descobrir o que funciona melhor para você.

4. É possível combinar mais de uma estratégia? Sim. Muitos profissionais combinam várias estratégias para diversificar suas fontes de renda.

Checklists e Guias Práticos

Checklist para Iniciar no Freelancing

- Identifique suas habilidades principais.

- Crie um portfólio online (usando ferramentas como Behance ou Dribbble).
- Cadastre-se em plataformas como Fiverr e Upwork.
- Pesquise preços para definir suas taxas de serviço.
- Estabeleça uma rotina para enviar propostas regularmente.

Guia Rápido para Criar Produtos Digitais

- Escolha um nicho de mercado e identifique a demanda.
- Use ferramentas como Canva ou Adobe para criar o produto.
- Configure uma loja em plataformas como Gumroad ou Etsy.
- Promova seu produto em redes sociais e por e-mail marketing.
- Analise os resultados e ajuste sua estratégia conforme necessário.

Checklist para Ensino Online

- Escolha uma plataforma para hospedar seus cursos.
- Estruture o conteúdo em módulos e aulas práticas.
- Invista em equipamentos básicos para gravação.
- Engaje seus alunos com enquetes e sessões ao vivo.
- Ofereça certificados para aumentar o apelo do curso.

Convite para Comunidade ou Acompanhamento

Se você está pronto para dar o próximo passo, considere se juntar a uma comunidade de pessoas com objetivos semelhantes. Grupos no LinkedIn, Discord ou até mesmo fóruns especializados podem ser uma excelente fonte de networking, aprendizado e suporte.

Além disso, acompanhe conteúdos adicionais em nosso blog e newsletter, onde compartilhamos dicas práticas, atualizações sobre tecnologia e histórias inspiradoras de sucesso.

Agora é a sua vez. Use este eBook como um ponto de partida para explorar as incríveis possibilidades de ganhar dinheiro com tecnologia. O mundo está cheio de oportunidades; cabe a você agarrá-las e fazer a diferença. Boa sorte!

www.ingramcontent.com/pod-product-compliance
Lightning Source LLC
Chambersburg PA
CBHW070956220526
45471CB00007B/3051